AF381077

Kiki Alm

Mama, ich will einen Hund!

Kinderbuch

Leon, neun Jahre alt, sitzt am Fenster

und sieht ein älteres Mädchen mit

einem Hund auf dem Gehweg

vorbeilaufen.

1

Er läuft zu seiner Mutter. Sie ist in der Küche.

„Mama, ich will auch einen Hund! Die sind so süß und knuddelig", sagt er zu ihr.

Sie antwortet: „Leon, so ein Hund ist kein Spielzeug. Er ist ein Lebewesen und er will spielen, also musst du dich mit ihm beschäftigen."

Leon fragt: „Wo machen Hunde Pipi
und Groß hin?“

Seine Mama antwortet ihm:

„Damit der Hund nicht in die
Wohnung macht, muss man jeden
Tag morgens, mittags, nachmittags
und abends mit ihm rausgehen. Er
braucht Auslauf. Das nennt man
‚Gassi gehen‘.“

„Mama, muss ein Hund hören?“

„Ja, Leon. Sie müssen in die
Hundeschule.

Da lernen sie:

Sitz, Komm, Bleib und Platz.

Auf einen Hund musst du dich
verlassen können. In der
Hundeschule lernt man den Umgang
mit dem Hund.“

„So wie ich in die Schule gehe? Aha!
Verstehe!“

„Mama, warum hat ein Hund ein Halsband?“

Sie sagt: „Weil da die Leine dran ist, wenn du mit ihm Gassi gehst.“

„Warum eine Leine?“, fragt er sie.

„Der Hund könnte sonst auf die Straße laufen und überfahren werden.“, sagt sie.

„Mama, auch wenn wir im Wald Gassi gehen?“

„Ja, Leon, weil er sonst den anderen Tieren hinterherläuft.“

„Mama, muss ein Hund essen?“

Sie antwortet: „Leon, ein Hund frisst
und er braucht Spezialfutter. Das
muss man im Laden für ihn kaufen.“

Leon: „Warum kann er nicht das
Gleiche essen wie ich?“

Sie antwortet: „Weil er krank wird.
Er darf keine Gewürze, keine
Schokolade und keinen Zucker
fressen.“

Pluto

Sie sagt zu ihm: „Wenn ein Hund krank wird, dann muss du mit ihm zum Tierarzt gehen."

Leon denkt nach und sagt: „So wie ich zum Arzt muss, wenn ich mich nicht wohlfühle?"

„Ja", antwortet sie ihm.

13

„Mama, beißen Hunde?", fragt er sie.

Sie sagt: „Ja, nur wenn sie sich angegriffen fühlen. Wenn du einem Hund begegnest, laufe einfach langsam an ihm vorbei."

Leon fragt: „Und warum springen sie einen an?"

„Leon, sie freuen sich."

„Hat ein Hund auch eine Mama und
einen Papa?", fragt sie Leon.

Sie antwortet: „Ja. Aber ein Hund
bleibt nicht bei ihnen. Wenn du groß
bist, bleibst du auch nicht bei uns.
Den Hund holt man in die Familie.
So hat er ein neues Zuhause."

17

Leon fragt: „Woher holt man einen
Hund?"

Sie antwortet: „Aus dem Tierheim
kann man ältere Hunde holen, die
kein Zuhause haben. Oder von
Menschen, die Hunde züchten. Dann
sind sie sehr jung und man nennt sie
Welpe."

Tierheim

Leon denkt ein wenig nach und sagt

zu seiner Mama: „Dann will

ich doch keinen Hund. Ich weiß, ich

bin noch zu klein dafür."

Ich bin 1968 in der Händelstadt Halle geboren. Viele Jahre wohnte ich im Landkreis Osnabrück. Seit 2008 lebe ich in meiner Wahlheimat Nürnberg. Meine Ausbildung absolvierte ich als Kommunikationskauffrau mit Weiterbildung zur Buchhalterin. Mit 16 Jahren hatte ich meine erste Schreibphase. Dabei entstanden Gedichte, Oden und Kurzgeschichten. Meine Liebe zu Kindern und Tieren inspiriert mich immer aufs Neue.

Für Kleinkinder, „Ente, Hund, Pferd", mit
Bildern zum ausmalen

Snuffiy Odyssee ab 7 Jahre – wie ein ver-
gessener Stoffhund in Wien nach Hause
findet und was zwischenzeitlich der Hund
des Hauses veranstaltet, weil er ihn ver-
misst

Rolli und seine Freunde ab 5 Jahre – eine
süße Delfingeschichte worin der Delfin
Rolli neue Freunde findet und sein Sohn
nur Flausen im Kopf hat (weitere Folgen
sind in Arbeit, Freuen Sie sich darauf)

Herstellung und Verlag:
BoD – Books on Demand, Norderstedt

Bibliografische Information der Deutschen
Nationalbibliothek:
Die Deutsche Nationalbibliothek verzeichnet diese
Publikation in der Deutschen Nationalbibliografie;
detaillierte bibliografische Daten sind im Internet
über http://dnb.d-nb.de abrufbar.

ISBN: 978-3-7494-3480-0